TRANZLATY

A linguagem é para todos

Language is for everyone

Aladdin e a Lâmpada Maravilhosa

Aladdin and the Wonderful Lamp

Antoine Galland

Português do Brasil / English

Copyright © 2025 Tranzlaty
All rights reserved
Published by Tranzlaty
ISBN: 978-1-83566-930-3
Original text by Antoine Galland
From *"Les mille et une nuits"*
First published in French in 1704
Taken from The Blue Fairy Book
Collected and translated by Andrew Lang
www.tranzlaty.com

Era uma vez um pobre alfaiate
Once upon a time there lived a poor tailor
este pobre alfaiate teve um filho chamado Aladdin
this poor tailor had a son called Aladdin
Aladdin era um garoto descuidado e ocioso que não fazia nada
Aladdin was a careless, idle boy who did nothing
embora ele gostasse de jogar bola o dia todo
although, he did like to play ball all day long
Isso ele fez nas ruas com outros meninos ociosos
this he did in the streets with other little idle boys
Isso entristeceu tanto o pai que ele morreu
This so grieved the father that he died
Sua mãe chorou e orou, mas nada ajudou
his mother cried and prayed, but nothing helped
apesar de sua súplica, Aladdin não corrigiu seus caminhos
despite her pleading, Aladdin did not mend his ways
Um dia, Aladdin estava brincando nas ruas, como de costume
One day, Aladdin was playing in the streets, as usual
um estranho perguntou sua idade
a stranger asked him his age
e ele lhe perguntou: "Você não é filho de Mustafá, o alfaiate?"
and he asked him, "are you not the son of Mustapha the tailor?"
"Eu sou filho de Mustapha, senhor", respondeu Aladdin
"I am the son of Mustapha, sir," replied Aladdin
"mas ele morreu há muito tempo"
"but he died a long time ago"
o estranho era um famoso mágico africano
the stranger was a famous African magician

e ele caiu em seu pescoço e o beijou
and he fell on his neck and kissed him
"Eu sou seu tio", disse o mágico
"I am your uncle," said the magician
"Eu te conhecia pela sua semelhança com meu irmão"
"I knew you from your likeness to my brother"
"Vá até sua mãe e diga a ela que estou indo"
"Go to your mother and tell her I am coming"
Aladdin correu para casa e contou à mãe sobre seu tio recém-encontrado
Aladdin ran home and told his mother of his newly found uncle
"De fato, criança", disse ela, "seu pai tinha um irmão"
"Indeed, child," she said, "your father had a brother"
"mas eu sempre pensei que ele estava morto"
"but I always thought he was dead"
No entanto, ela preparou o jantar para o visitante
However, she prepared supper for the visitor
e ela pediu a Aladim que procurasse seu tio
and she bade Aladdin to seek his uncle
O tio de Aladim veio carregado de vinho e frutas
Aladdin's uncle came laden with wine and fruit
Ele caiu e beijou o lugar onde Mustafá costumava se sentar
He fell down and kissed the place where Mustapha used to sit
e ele pediu à mãe de Aladim que não se surpreendesse
and he bid Aladdin's mother not to be surprised
Ele explicou que estava fora do país há quarenta anos
he explained he had been out of the country for forty years
Ele então se virou para Aladdin e perguntou-lhe seu comércio
He then turned to Aladdin and asked him his trade
mas o menino abaixou a cabeça de vergonha

but the boy hung his head in shame
e sua mãe começou a chorar
and his mother burst into tears
então o tio de Aladdin se ofereceu para fornecer comida
so Aladdin's uncle offered to provide food
No dia seguinte, ele comprou um belo conjunto de roupas para Aladdin
The next day he bought Aladdin a fine set of clothes
e ele o levou por toda a cidade
and he took him all over the city
ele mostrou a ele os pontos turísticos da cidade
he showed him the sights of the city
ao cair da noite, ele o trouxe para casa para sua mãe
at nightfall he brought him home to his mother
Sua mãe ficou muito feliz ao ver seu filho tão bem vestido
his mother was overjoyed to see her son so well dressed
No dia seguinte, o mágico levou Aladim a alguns belos jardins
The next day the magician led Aladdin into some beautiful gardens
Este foi um longo caminho fora dos portões da cidade
this was a long way outside the city gates
Eles se sentaram perto de uma fonte
They sat down by a fountain
e o mágico puxou um bolo de seu cinto
and the magician pulled a cake from his girdle
Ele dividiu o bolo entre os dois
he divided the cake between the two of them
Então eles viajaram até quase chegarem às montanhas
Then they journeyed onward till they almost reached the mountains
Aladdin estava tão cansado que implorou para voltar

Aladdin was so tired that he begged to go back
mas o mago o enganou com histórias agradáveis
but the magician beguiled him with pleasant stories
e ele o conduziu, apesar de sua preguiça
and he led him on in spite of his laziness
Por fim, eles chegaram a duas montanhas
At last they came to two mountains
as duas montanhas eram divididas por um vale estreito
the two mountains were divided by a narrow valley
"Não iremos mais longe", disse o falso tio
"We will go no farther," said the false uncle
"Vou te mostrar algo maravilhoso"
"I will show you something wonderful"
"junte gravetos, enquanto eu acendo um fogo"
"gather up sticks, while I kindle a fire"
Quando o fogo foi aceso, o mágico jogou um pó sobre ele
When the fire was lit the magician threw a powder on it
e ele disse algumas palavras mágicas
and he said some magical words
A terra tremeu um pouco e se abriu na frente deles
The earth trembled a little and opened in front of them
uma pedra plana quadrada revelou-se
a square flat stone revealed itself
e no meio da pedra havia um anel de latão
and in the middle of the stone was a brass ring
Aladdin tentou fugir
Aladdin tried to run away
mas o mágico o pegou
but the magician caught him
e deu-lhe um golpe que o derrubou
and gave him a blow that knocked him down
"O que eu fiz, tio?" ele disse, lamentavelmente

"What have I done, uncle?" he said, piteously
o mago disse mais gentilmente: "Não tema nada, mas me obedeça"
the magician said more kindly, "Fear nothing, but obey me"
"Debaixo desta pedra jaz um tesouro que será seu"
"Beneath this stone lies a treasure which is to be yours"
"e ninguém mais pode tocar neste tesouro"
"and no one else may touch this treasure"
"então você deve fazer exatamente o que eu lhe digo"
"so you must do exactly as I tell you"
Com a menção do tesouro, Aladdin esqueceu seus medos
At the mention of treasure Aladdin forgot his fears
ele agarrou o anel como lhe foi dito
he grasped the ring as he was told
e ele disse os nomes de seu pai e avô
and he said the names of his father and grandfather
A pedra subiu com bastante facilidade
The stone came up quite easily
e alguns passos apareceram na frente deles
and some steps appeared in front of them
"Desça", disse o mágico
"Go down," said the magician
"Ao pé desses degraus você encontrará uma porta aberta"
"at the foot of those steps you will find an open door"
"A porta dá para três grandes salões"
"the door leads into three large halls"
"Dobra teu vestido e percorre os corredores"
"Tuck up your gown and go through the halls"
"Certifique-se de não tocar em nada"
"make sure not to touch anything"
"Se você tocar em alguma coisa, você morrerá instantaneamente"

"if you touch anything, you will instantly die"
"Esses salões levam a um jardim de excelentes árvores frutíferas"
"These halls lead into a garden of fine fruit trees"
"Caminhe até chegar a uma lacuna no terraço"
"Walk on until you reach a gap in the terrace"
"Lá você verá uma lâmpada acesa"
"there you will see a lighted lamp"
"Derramai o óleo da lâmpada"
"Pour out the oil of the lamp"
"e então me traga a lâmpada"
"and then bring me the lamp"
Ele tirou um anel do dedo e deu a Aladdin
He drew a ring from his finger and gave it to Aladdin
e ele o convidou a prosperar
and he bid him to prosper
Aladdin encontrou tudo como o mágico havia dito
Aladdin found everything as the magician had said
ele colheu alguns frutos das árvores
he gathered some fruit off the trees
e, tendo conseguido a lâmpada, chegou à boca da caverna
and, having got the lamp, he arrived at the mouth of the cave
O mágico gritou com muita pressa
The magician cried out in a great hurry
"Apresse-se e me dê a lâmpada"
"Make haste and give me the lamp"
Aladdin se recusou a fazer isso até que ele estivesse fora da caverna
Aladdin refused to do this until he was out of the cave
O mágico ficou furioso
The magician flew into a terrible rage
ele jogou um pouco mais de pólvora no fogo

he threw some more powder on to the fire
e então ele lançou outro feitiço mágico
and then he cast another magic spell
e a pedra rolou de volta ao seu lugar
and the stone rolled back into its place
O mago deixou a Pérsia para sempre
The magician left Persia for ever
isso mostrava claramente que ele não era tio de Aladim
this plainly showed that he was no uncle of Aladdin's
o que ele realmente era era um mágico astuto
what he really was was a cunning magician
um mágico que tinha lido sobre uma lâmpada mágica
a magician who had read of a magic lamp
uma lâmpada mágica que o tornaria o homem mais poderoso do mundo
a magic lamp which would make him the most powerful man in the world
mas só ele sabia onde encontrar a lâmpada mágica
but he alone knew where to find the magic lamp
e ele só poderia receber a lâmpada mágica da mão de outro
and he could only receive the magic lamp from the hand of another
Ele escolheu o tolo Aladim para esse propósito
He had picked out the foolish Aladdin for this purpose
ele pretendia pegar a lâmpada mágica e matá-lo depois
he had intended to get the magical lamp and kill him afterwards
Por dois dias, Aladdin permaneceu no escuro
For two days Aladdin remained in the dark
ele chorou e lamentou sua situação
he cried and lamented his situation
Por fim, ele juntou as mãos em oração

At last he clasped his hands in prayer
e, ao fazê-lo, esfregou o anel
and in so doing he rubbed the ring
o mago havia esquecido de pegar o anel de volta dele
the magician had forgotten to take the ring back from him
Imediatamente um gênio enorme e assustador surgiu da terra
Immediately an enormous and frightful genie rose out of the earth
"O que você quer que eu faça?"
"What would thou have me do?"
"Eu sou o Escravo do Anel"
"I am the Slave of the Ring"
"e eu te obedecerei em todas as coisas"
"and I will obey thee in all things"
Aladim respondeu sem medo: "Livrai-me deste lugar!"
Aladdin fearlessly replied: "Deliver me from this place!"
e a terra se abriu acima dele
and the earth opened above him
e ele se viu do lado de fora
and he found himself outside
Assim que seus olhos puderam suportar a luz, ele foi para casa
As soon as his eyes could bear the light he went home
mas ele desmaiou quando chegou lá
but he fainted when he got there
Quando voltou a si, contou à mãe o que havia acontecido
When he came to himself he told his mother what had happened
e ele mostrou a ela a lâmpada
and he showed her the lamp
e mostrou-lhe os frutos que havia colhido no jardim

and he showed her the fruits he had gathered in the garden
Os frutos eram, na realidade, pedras preciosas
the fruits were, in reality, precious stones
Ele então pediu um pouco de comida
He then asked for some food
"Ai de mim! criança", disse ela
"Alas! child," she said
"Não tenho comida em casa"
"I have no food in the house"
"mas eu fiei um pouco de algodão"
"but I have spun a little cotton"
"e eu irei vender o algodão"
"and I will go and sell the cotton"
Aladdin ordenou que ela ficasse com seu algodão
Aladdin bade her keep her cotton
Ele disse a ela que venderia a lâmpada mágica em vez do algodão
he told her he would sell the magic lamp instead of the cotton
Como estava muito sujo, ela começou a esfregar a lâmpada mágica
As it was very dirty she began to rub the magic lamp
Uma lâmpada mágica limpa pode alcançar um preço mais alto
a clean magic lamp might fetch a higher price
Instantaneamente, um gênio horrível apareceu
Instantly a hideous genie appeared
Ele perguntou o que ela gostaria de ter
he asked what she would like to have
Ao ver o gênio, ela desmaiou
at the sight of the genie she fainted
mas Aladdin, pegando a lâmpada mágica, disse corajosamente:

but Aladdin, snatching the magic lamp, said boldly:

"Traga-me algo para comer!"
"Fetch me something to eat!"

O gênio voltou com uma tigela de prata
The genie returned with a silver bowl

ele tinha doze pratos de prata contendo carnes ricas
he had twelve silver plates containing rich meats

e ele tinha duas taças de prata e duas garrafas de vinho
and he had two silver cups and two bottles of wine

A mãe de Aladdin, quando voltou a si, disse:
Aladdin's mother, when she came to herself, said:

"De onde vem este esplêndido banquete?"
"Whence comes this splendid feast?"

"Não pergunte de onde veio essa comida, mas coma, mãe", respondeu Aladdin
"Ask not where this food came from, but eat, mother," replied Aladdin

Então eles se sentaram no café da manhã até a hora do jantar
So they sat at breakfast till it was dinner-time

e Aladdin contou a sua mãe sobre a lâmpada mágica
and Aladdin told his mother about the magic lamp

Ela implorou para que ele vendesse a lâmpada mágica
She begged him to sell the magic lamp

"Não tenhamos nada a ver com demônios"
"let us have nothing to do with devils"

mas Aladim achou que seria mais sensato usar a lâmpada mágica
but Aladdin had thought it would be wiser to use the magic lamp

"O acaso nos fez conscientes das virtudes da lâmpada mágica"
"chance hath made us aware of the magic lamp's virtues"

"Usaremos a lâmpada mágica e usaremos o anel"
"we will use the magic lamp, and we will use the ring"
"Sempre usarei o anel no dedo"
"I shall always wear the ring on my finger"
Quando eles comeram tudo o que o gênio trouxe, Aladdin vendeu um dos pratos de prata
When they had eaten all the genie had brought, Aladdin sold one of the silver plates
e quando ele precisou de dinheiro novamente, ele vendeu o próximo prato
and when he needed money again he sold the next plate
Ele fez isso até que não restassem placas
he did this until no plates were left
Ele então fez outro desejo ao gênio
He then made another wish to the genie
e o gênio deu-lhe outro conjunto de pratos
and the genie gave him another set of plates
e assim viveram por muitos anos
and in this way they lived for many years
Um dia, Aladim ouviu uma ordem do sultão
One day Aladdin heard an order from the Sultan
todos deveriam ficar em casa e fechar as persianas
everyone was to stay at home and close their shutters
a princesa estava indo e voltando de seu banho
the Princess was going to and from her bath
Aladdin foi tomado pelo desejo de ver seu rosto
Aladdin was seized by a desire to see her face
embora fosse muito difícil ver seu rosto
although it was very difficult to see her face
porque em todos os lugares que ela ia, ela usava um véu
because everywhere she went she wore a veil
Ele se escondeu atrás da porta da banheira

He hid himself behind the door of the bath
e ele espiou por uma fresta na porta
and he peeped through a chink in the door
A princesa levantou o véu enquanto entrava no banho
The Princess lifted her veil as she went in to the bath
e ela parecia tão bonita que Aladdin instantaneamente se apaixonou por ela
and she looked so beautiful that Aladdin instantly fell in love with her
Ele foi para casa tão mudado que sua mãe ficou assustada
He went home so changed that his mother was frightened
Ele disse a ela que amava a princesa tão profundamente que não poderia viver sem ela
He told her he loved the Princess so deeply that he could not live without her
e ele queria pedir-lhe em casamento de seu pai
and he wanted to ask her in marriage of her father
Sua mãe, ao ouvir isso, caiu na gargalhada
His mother, on hearing this, burst out laughing
mas Aladdin finalmente a convenceu a ir ao sultão
but Aladdin finally convinced her to go to the Sultan
e ela ia levar seu pedido
and she was going to carry his request
Ela pegou um guardanapo e colocou nele as frutas mágicas
She fetched a napkin and laid in it the magic fruits
As frutas mágicas do jardim encantado
the magic fruits from the enchanted garden
as frutas brilhavam e brilhavam como as mais belas joias
the fruits sparkled and shone like the most beautiful jewels
Ela levou as frutas mágicas com ela para agradar o sultão
She took the magic fruits with her to please the Sultan
e ela partiu, confiando na lâmpada

and she set out, trusting in the lamp
O grão-vizir e os senhores do conselho tinham acabado de entrar no palácio
The Grand Vizier and the lords of council had just gone into the palace
e ela se colocou na frente do sultão
and she placed herself in front of the Sultan
Ele, no entanto, não deu atenção a ela
He, however, took no notice of her
Ela foi todos os dias durante uma semana
She went every day for a week
e ela ficou no mesmo lugar
and she stood in the same place
Quando o conselho se desfez no sexto dia, o sultão disse ao seu vizir:
When the council broke up on the sixth day the Sultan said to his Vizier:
"Vejo uma certa mulher na câmara de audiência todos os dias"
"I see a certain woman in the audience-chamber every day"
"ela está sempre carregando algo em um guardanapo"
"she is always carrying something in a napkin"
"Chame-a para vir até nós, da próxima vez"
"Call her to come to us, next time"
"para que eu possa descobrir o que ela quer"
"so that I may find out what she wants"
No dia seguinte, o vizir deu-lhe um sinal
Next day the Vizier gave her a sign
ela subiu ao pé do trono
she went up to the foot of the throne
e ela permaneceu ajoelhada até que o sultão falou com ela
and she remained kneeling till the Sultan spoke to her

"Levante-se, boa mulher, diga-me o que você quer"
"Rise, good woman, tell me what you want"
Ela hesitou, então o sultão mandou embora todos, exceto o vizir
She hesitated, so the Sultan sent away all but the Vizier
e ele pediu que ela falasse francamente
and he bade her to speak frankly
e ele prometeu perdoá-la por qualquer coisa que ela dissesse
and he promised to forgive her for anything she might say
Ela então contou a ele sobre o grande amor de seu filho pela princesa
She then told him of her son's great love for the Princess
"Rezei para que ele a esquecesse", disse ela
"I prayed for him to forget her," she said
"mas minhas orações foram em vão"
"but my prayers were in vain"
"ele ameaçou fazer algum ato desesperado se eu me recusasse a ir"
"he threatened to do some desperate deed if I refused to go"
"e então peço a Vossa Majestade a mão da Princesa"
"and so I ask your Majesty for the hand of the Princess"
"mas agora peço-lhe que me perdoe"
"but now I pray you to forgive me"
"e eu rezo para que você perdoe meu filho Aladdin"
"and I pray that you forgive my son Aladdin"
O sultão perguntou-lhe gentilmente o que ela tinha no guardanapo
The Sultan asked her kindly what she had in the napkin
Então ela desdobrou o guardanapo
so she unfolded the napkin
e ela apresentou as joias ao sultão
and she presented the jewels to the Sultan

Ele ficou impressionado com a beleza das joias
He was thunderstruck by the beauty of the jewels
e ele se virou para o vizir e perguntou: "O que você diz?"
and he turned to the Vizier and asked, "What sayest thou?"
"Não devo conceder a princesa a alguém que a valoriza a tal preço?"
"Ought I not to bestow the Princess on one who values her at such a price?"
O vizir a queria para seu próprio filho
The Vizier wanted her for his own son
então ele implorou ao sultão que a retivesse por três meses
so he begged the Sultan to withhold her for three months
talvez dentro do tempo que seu filho conseguisse fazer um presente mais rico
perhaps within the time his son would contrive to make a richer present
O sultão concedeu o desejo de seu vizir
The Sultan granted the wish of his Vizier
e ele disse à mãe de Aladdin que consentiu com o casamento
and he told Aladdin's mother that he consented to the marriage
mas ela não foi autorizada a comparecer diante dele novamente por três meses
but she was not allowed appear before him again for three months
Aladdin esperou pacientemente por quase três meses
Aladdin waited patiently for nearly three months
Depois de dois meses, sua mãe foi ao mercado
after two months had elapsed his mother went to go to the market
ela estava indo para a cidade para comprar petróleo
she was going into the city to buy oil

Quando ela chegou ao mercado, encontrou todos se alegrando
when she got to the market she found every one rejoicing
Então ela perguntou o que estava acontecendo
so she asked what was going on
"Você não sabe?" foi a resposta
"Do you not know?" was the answer
"o filho do grão-vizir vai se casar com a filha do sultão esta noite"
"the son of the Grand Vizier is to marry the Sultan's daughter tonight"
Sem fôlego, ela correu e disse a Aladdin
Breathless, she ran and told Aladdin
no início, Aladdin ficou impressionado
at first Aladdin was overwhelmed
mas então ele pensou na lâmpada mágica e esfregou-a
but then he thought of the magic lamp and rubbed it
Mais uma vez, o gênio apareceu para fora da lâmpada
once again the genie appeared out of the lamp
"Qual é a tua vontade?" perguntou o gênio
"What is thy will?" asked the genie
"O sultão, como você sabe, quebrou sua promessa para mim"
"The Sultan, as thou knowest, has broken his promise to me"
"o filho do vizir deve ter a princesa"
"the Vizier's son is to have the Princess"
"Minha ordem é que esta noite você traga a noiva e o noivo"
"My command is that tonight you bring the bride and bridegroom"
"Mestre, eu obedeço", disse o gênio
"Master, I obey," said the genie
Aladdin então foi para seu quarto
Aladdin then went to his chamber

Com certeza, à meia-noite, o gênio transportou uma cama
sure enough, at midnight the genie transported a bed
e a cama continha o filho do vizir e a princesa
and the bed contained the Vizier's son and the Princess
"Pegue este homem recém-casado, gênio", disse ele
"Take this new-married man, genie," he said
"Coloque-o do lado de fora no frio durante a noite"
"put him outside in the cold for the night"
"então devolva o casal novamente ao amanhecer"
"then return the couple again at daybreak"
Então o gênio tirou o filho do vizir da cama
So the genie took the Vizier's son out of bed
e ele deixou Aladdin com a princesa
and he left Aladdin with the Princess
"Não tema nada", Aladdin disse a ela, "você é minha esposa"
"Fear nothing," Aladdin said to her, "you are my wife"
"Você me foi prometido por seu pai injusto"
"you were promised to me by your unjust father"
"e nenhum mal virá a você"
"and no harm shall come to you"
A princesa estava com muito medo de falar
The Princess was too frightened to speak
e ela passou a noite mais miserável de sua vida
and she passed the most miserable night of her life
embora Aladdin se deitou ao lado dela e dormiu profundamente
although Aladdin lay down beside her and slept soundly
Na hora marcada, o gênio buscou o noivo trêmulo
At the appointed hour the genie fetched in the shivering bridegroom
ele o colocou em seu lugar
he laid him in his place

e ele transportou a cama de volta para o palácio
and he transported the bed back to the palace
Logo o sultão veio desejar bom dia à filha
Presently the Sultan came to wish his daughter good-morning
O infeliz filho do vizir pulou e se escondeu
The unhappy Vizier's son jumped up and hid himself
e a princesa não disse uma palavra
and the Princess would not say a word
e ela estava muito triste
and she was very sorrowful
O sultão mandou sua mãe para ela
The Sultan sent her mother to her
"Por que você não fala com seu pai, criança?"
"Why will you not speak to your father, child?"
"O que aconteceu?" ela perguntou
"What has happened?" she asked
A princesa suspirou profundamente
The Princess sighed deeply
e finalmente ela contou à mãe o que havia acontecido
and at last she told her mother what had happened
Ela contou a ela como a cama havia sido levada para uma casa estranha
she told her how the bed had been carried into some strange house
e ela contou o que havia acontecido na casa
and she told of what had happened in the house
Sua mãe não acreditava nela nem um pouco
Her mother did not believe her in the least
e ela pediu que ela considerasse isso um sonho ocioso
and she bade her to consider it an idle dream
Na noite seguinte, aconteceu exatamente a mesma coisa
The following night exactly the same thing happened

e na manhã seguinte a princesa também não falava
and the next morning the princess wouldn't speak either
com a recusa da princesa em falar, o sultão ameaçou cortar sua cabeça
on the Princess's refusal to speak, the Sultan threatened to cut off her head
Ela então confessou tudo o que havia acontecido
She then confessed all that had happened
e ela pediu-lhe que perguntasse ao filho do vizir
and she bid him to ask the Vizier's son
O sultão disse ao vizir para perguntar a seu filho
The Sultan told the Vizier to ask his son
e o filho do vizir disse a verdade
and the Vizier's son told the truth
ele acrescentou que amava muito a princesa
he added that he dearly loved the Princess
"mas eu prefiro morrer a passar por outra noite tão terrível"
"but I would rather die than go through another such fearful night"
e ele desejava se separar dela, o que foi concedido
and he wished to be separated from her, which was granted
e então houve um fim para a festa e regozijo
and then there was an end to the feasting and rejoicing
então os três meses acabaram
then the three months were over
Aladim enviou sua mãe para lembrar o sultão de sua promessa
Aladdin sent his mother to remind the Sultan of his promise
Ela estava no mesmo lugar de antes
She stood in the same place as before
o sultão havia esquecido Aladim
the Sultan had forgotten Aladdin

mas imediatamente ele se lembrou dele novamente
but at once he remembered him again
e ele pediu que ela viesse até ele
and he asked for her to come to him
Ao ver sua pobreza, o sultão sentiu-se menos inclinado do que nunca a manter sua palavra
On seeing her poverty the Sultan felt less inclined than ever to keep his word
e ele pediu o conselho de seu vizir
and he asked his Vizier's advice
ele o aconselhou a dar um alto valor à princesa
he counselled him to set a high value on the Princess
um preço tão alto que nenhum homem vivo poderia comprá-la
a price so high that no man alive could come afford her
O sultão então se virou para a mãe de Aladim, dizendo:
The Sultan then turned to Aladdin's mother, saying:
"Boa mulher, um sultão deve se lembrar de suas promessas"
"Good woman, a Sultan must remember his promises"
"e me lembrarei da minha promessa"
"and I will remember my promise"
"mas seu filho deve primeiro me enviar quarenta bacias de ouro"
"but your son must first send me forty basins of gold"
"e as bacias de ouro devem estar cheias de jóias"
"and the gold basins must be full of jewels"
"e eles devem ser carregados por quarenta camelos pretos"
"and they must be carried by forty black camels"
"e na frente de cada camelo preto haverá um camelo branco"
"and in front of each black camel there is to be a white camel"
"e todos os camelos devem ser esplendidamente vestidos"
"and all the camels are to be splendidly dressed"

"Diga a ele que aguardo sua resposta"
"Tell him that I await his answer"
A mãe de Aladim curvou-se
The mother of Aladdin bowed low
e então ela foi para casa
and then she went home
embora ela pensasse que tudo estava perdido
although she thought all was lost
Ela deu a Aladim a mensagem
She gave Aladdin the message
e ela acrescentou: "Ele pode esperar o tempo suficiente pela sua resposta!"
and she added, "He may wait long enough for your answer!"
"Não tanto quanto você pensa, mãe", respondeu o filho
"Not so long as you think, mother," her son replied
"Eu faria muito mais do que isso pela princesa"
"I would do a great deal more than that for the Princess"
e ele convocou o gênio novamente
and he summoned the genie again
e em poucos momentos os oitenta camelos chegaram
and in a few moments the eighty camels arrived
e ocuparam todo o espaço na pequena casa e no jardim
and they took up all space in the small house and garden
Aladim fez os camelos partirem para o palácio
Aladdin made the camels set out to the palace
e os camelos foram seguidos por sua mãe
and the camels were followed by his mother
Os camelos estavam ricamente vestidos
The camels were very richly dressed
e joias esplêndidas estavam nos cintos dos camelos
and splendid jewels were on the girdles of the camels
e todos se aglomeraram para ver os camelos

and everyone crowded around to see the camels
e viram as bacias de ouro que os camelos carregavam nas costas
and they saw the basins of gold the camels carried on their backs
Eles entraram no palácio do sultão
They entered the palace of the Sultan
e os camelos se ajoelharam diante dele em semicírculo
and the camels kneeled before him in a semi circle
e a mãe de Aladim apresentou os camelos ao sultão
and Aladdin's mother presented the camels to the Sultan
Ele não hesitou mais, mas disse:
He hesitated no longer, but said:
"Boa mulher, volte para o seu filho"
"Good woman, return to your son"
"diga a ele que eu espero por ele de braços abertos"
"tell him that I wait for him with open arms"
Ela não perdeu tempo em contar a Aladdin
She lost no time in telling Aladdin
e ela pediu-lhe que se apressasse
and she bid him to make haste
Mas Aladim primeiro chamou o gênio
But Aladdin first called for the genie
"Eu quero um banho perfumado", disse ele
"I want a scented bath," he said
"e eu quero um cavalo mais bonito que o do sultão"
"and I want a horse more beautiful than the Sultan's"
"e quero vinte servos para me atender"
"and I want twenty servants to attend to me"
"e também quero seis servos lindamente vestidos para servir minha mãe"
"and I also want six beautifully dressed servants to wait on my

mother"
"e por último, quero dez mil moedas de ouro em dez bolsas"
"and lastly, I want ten thousand pieces of gold in ten purses"
Assim que ele disse o que queria e foi feito
No sooner had he said what he wanted and it was done
Aladdin montou seu lindo cavalo
Aladdin mounted his beautiful horse
e ele passou pelas ruas
and he passed through the streets
Os servos lançaram ouro na multidão enquanto iam
the servants cast gold into the crowd as they went
Aqueles que brincaram com ele em sua infância não o conheciam
Those who had played with him in his childhood knew him not
ele ficou muito bonito
he had grown very handsome
Quando o sultão o viu, ele desceu de seu trono
When the Sultan saw him he came down from his throne
Ele abraçou seu novo genro de braços abertos
he embraced his new son-in-law with open arms
e ele o levou a um salão onde um banquete foi oferecido
and he led him into a hall where a feast was spread
ele pretendia casá-lo com a princesa naquele mesmo dia
he intended to marry him to the Princess that very day
Mas Aladdin se recusou a se casar imediatamente
But Aladdin refused to marry straight away
"primeiro devo construir um palácio adequado para a princesa"
"first I must build a palace fit for the princess"
e então ele se despediu
and then he took his leave

Uma vez em casa, ele disse ao gênio:
Once home, he said to the genie:
"Construa-me um palácio do melhor mármore"
"Build me a palace of the finest marble"
"Defina o palácio com jaspe, ágata e outras pedras preciosas"
"set the palace with jasper, agate, and other precious stones"
"No meio do palácio você deve construir para mim um grande salão com uma cúpula"
"In the middle of the palace you shall build me a large hall with a dome"
"As quatro paredes do salão serão de massas de ouro e prata"
"the four walls of the hall will be of masses of gold and silver"
"e cada parede terá seis janelas"
"and each wall will have six windows"
"e as treliças das janelas serão engastadas com joias preciosas"
"and the lattices of the windows will be set with precious jewels"
"mas deve haver uma janela que não seja decorada"
"but there must be one window that is not decorated"
"Vá ver se isso é feito!"
"go see that it gets done!"
O palácio foi concluído no dia seguinte
The palace was finished by the next day
O gênio o levou para o novo palácio
the genie carried him to the new palace
e mostrou-lhe como todas as suas ordens haviam sido fielmente cumpridas
and he showed him how all his orders had been faithfully carried out
até mesmo um tapete de veludo havia sido colocado do palácio de Aladim para o do sultão

even a velvet carpet had been laid from Aladdin's palace to the Sultan's

A mãe de Aladdin então se vestiu com cuidado
Aladdin's mother then dressed herself carefully

e ela caminhou até o palácio com seus servos
and she walked to the palace with her servants

e Aladdin a seguiu a cavalo
and Aladdin followed her on horseback

O sultão enviou músicos com trombetas e címbalos para encontrá-los
The Sultan sent musicians with trumpets and cymbals to meet them

então o ar ressoou com música e aplausos
so the air resounded with music and cheers

Ela foi levada até a princesa, que a saudou
She was taken to the Princess, who saluted her

e ela a tratou com grande honra
and she treated her with great honour

À noite, a princesa se despediu de seu pai
At night the Princess said good-bye to her father

e ela partiu no tapete para o palácio de Aladim
and she set out on the carpet for Aladdin's palace

sua mãe estava ao lado dela
his mother was at her side

e eles foram seguidos por sua comitiva de servos
and they were followed by their entourage of servants

Ela ficou encantada com a visão de Aladdin
She was charmed at the sight of Aladdin

e Aladim correu para recebê-la no palácio
and Aladdin ran to receive her into the palace

"Princesa", disse ele, "culpe sua beleza pela minha ousadia"
"Princess," he said, "blame your beauty for my boldness"

"Espero não ter te desagradado"
"I hope I have not displeased you"
Ela disse que obedeceu de bom grado ao pai neste assunto
she said she willingly obeyed her father in this matter
porque ela tinha visto que ele é bonito
because she had seen that he is handsome
Depois que o casamento aconteceu, Aladdin a levou para o corredor
After the wedding had taken place Aladdin led her into the hall
um grande banquete foi espalhado no salão
a great feast was spread out in the hall
e ela jantou com ele
and she supped with him
Depois de comer, eles dançaram até meia-noite
after eating they danced till midnight
No dia seguinte, Aladim convidou o sultão para ver o palácio
The next day Aladdin invited the Sultan to see the palace
eles entraram no corredor com as vinte e quatro janelas
they entered the hall with the four-and-twenty windows
As janelas eram decoradas com rubis, diamantes e esmeraldas
the windows were decorated with rubies, diamonds, and emeralds
ele gritou: "O palácio é uma das maravilhas do mundo!"
he cried, "The palace is one of the wonders of the world!"
"Só há uma coisa que me surpreende"
"There is only one thing that surprises me"
"Foi por acaso que uma janela foi deixada inacabada?"
"Was it by accident that one window was left unfinished?"
"Não, senhor, foi feito de propósito", respondeu Aladdin

"No, sir, it was done so by design," replied Aladdin
"Eu desejei que Vossa Majestade tivesse a glória de terminar este palácio"
"I wished your Majesty to have the glory of finishing this palace"
O sultão ficou satisfeito por receber esta honra
The Sultan was pleased to be given this honour
e mandou chamar os melhores joalheiros da cidade
and he sent for the best jewellers in the city
Ele mostrou-lhes a janela inacabada
He showed them the unfinished window
e ele ordenou que decorassem a janela como os outros
and he bade them to decorate the window like the others
"Senhor", respondeu seu porta-voz
"Sir," replied their spokesman
"Não conseguimos encontrar joias suficientes"
"we cannot find enough jewels"
então o sultão mandou buscar suas próprias joias
so the Sultan had his own jewels fetched
mas essas joias logo se esgotaram também
but those jewels were soon used up too
Mesmo depois de um mês, o trabalho não estava pela metade
even after a month's time the work was not half done
Aladdin sabia que sua tarefa era impossível
Aladdin knew that their task was impossible
ele ordenou que desfizessem seu trabalho
he bade them to undo their work
e ele ordenou que carregassem as joias de volta
and he bade them to carry the jewels back
O gênio terminou a janela ao seu comando
the genie finished the window at his command

O sultão ficou surpreso ao receber suas joias novamente
The Sultan was surprised to receive his jewels again
ele visitou Aladdin, que lhe mostrou a janela acabada
he visited Aladdin, who showed him the finished window
e o sultão abraçou seu genro
and the Sultan embraced his son in law
enquanto isso, o vizir invejoso suspeitava do trabalho de encantamento
meanwhile, the envious Vizier suspected the work of enchantment
Aladdin conquistou os corações das pessoas por sua maneira gentil
Aladdin had won the hearts of the people by his gentle manner
Ele foi nomeado capitão dos exércitos do sultão
He was made captain of the Sultan's armies
e ele venceu várias batalhas por seu exército
and he won several battles for his army
mas ele permaneceu tão modesto e cortês como antes
but he remained as modest and courteous as before
Desta forma, ele viveu em paz e contente por vários anos
in this way he lived in peace and content for several years
Mas longe na África o mágico se lembrou de Aladim
But far away in Africa the magician remembered Aladdin
e por suas artes mágicas ele descobriu que Aladdin não havia morrido na caverna
and by his magic arts he discovered Aladdin hadn't perished in the cave
mas em vez de perecer, ele escapou e se casou com a princesa
but instead of perishing, he had escaped and married the princess
e agora ele estava vivendo em grande honra e riqueza

and now he was living in great honour and wealth
Ele sabia que o filho do pobre alfaiate só poderia ter conseguido isso por meio da lâmpada mágica
He knew that the poor tailor's son could only have accomplished this by means of the magic lamp
e viajou noite e dia até chegar à cidade
and he travelled night and day until he reached the city
ele estava empenhado em garantir a ruína de Aladim
he was bent on making sure of Aladdin's ruin
Ao passar pela cidade, ouviu pessoas conversando
As he passed through the town he heard people talking
Tudo o que eles podiam falar era sobre o palácio maravilhoso
all they could talk about was the marvellous palace
"Perdoe minha ignorância", ele pediu
"Forgive my ignorance," he asked
"O que é esse palácio de que você fala?"
"what is this palace you speak of?"
"Você não ouviu falar do palácio do príncipe Aladim?" foi a resposta
"Have you not heard of Prince Aladdin's palace?" was the reply
"O palácio é uma das maiores maravilhas do mundo"
"the palace is one of the greatest wonders of the world"
"Vou encaminhá-lo ao palácio, se você quiser vê-lo"
"I will direct you to the palace, if you would like to see it"
O mago agradeceu por trazê-lo ao palácio
The magician thanked him for bringing him to the palace
e tendo visto o palácio, ele sabia que havia sido construído pelo Gênio da Lâmpada
and having seen the palace, he knew that it had been built by the Genie of the Lamp

isso o deixou meio louco de raiva
this made him half mad with rage
Ele estava determinado a se apossar da lâmpada mágica
He was determined to get hold of the magic lamp
e ele iria mergulhar Aladim na mais profunda pobreza novamente
and he was going to plunge Aladdin into the deepest poverty again
Infelizmente, Aladdin fez uma viagem de caça por oito dias
Unluckily, Aladdin had gone on a hunting trip for eight days
Isso deu ao mágico muito tempo
this gave the magician plenty of time
Ele comprou uma dúzia de lâmpadas de cobre
He bought a dozen copper lamps
e ele colocou as lâmpadas de cobre em uma cesta
and he put the copper lamps into a basket
e então ele foi para o palácio
and then he went to the palace
"Lâmpadas novas para lâmpadas velhas!" ele exclamou
"New lamps for old lamps!" he exclaimed
e ele foi seguido por uma multidão zombeteira
and he was followed by a jeering crowd
A princesa estava sentada no corredor de vinte e quatro janelas
The Princess was sitting in the hall of four-and-twenty windows
ela enviou um servo para descobrir do que se tratava o barulho
she sent a servant to find out what the noise was about
o servo voltou rindo tanto que a princesa a repreendeu
the servant came back laughing so much that the Princess scolded her

"Senhora", respondeu o servo
"Madam," replied the servant
"Quem pode deixar de rir quando você vê uma coisa dessas?"
"who can help but laughing when you see such a thing?"
"Um velho tolo está se oferecendo para trocar belas lâmpadas novas por lâmpadas velhas"
"an old fool is offering to exchange fine new lamps for old lamps"
Outro servo, ouvindo isso, falou
Another servant, hearing this, spoke up
"Há uma velha lâmpada na cornija que ele pode ter"
"There is an old lamp on the cornice which he can have"
Esta, é claro, era a lâmpada mágica
this, of course, was the magic lamp
Aladdin havia deixado a lâmpada mágica lá, pois não podia levá-la com ele
Aladdin had left the magic lamp there, as he could not take it with him
A princesa não sabia o valor da lâmpada
The Princess didn't know know the lamp's value
rindo, ela pediu ao servo que trocasse a lâmpada mágica
laughingly, she bade the servant to exchange the magic lamp
O servo levou a lâmpada para o mágico
the servant took the lamp to the magician
"Dê-me uma nova lâmpada para esta lâmpada", disse ela
"Give me a new lamp for this lamp," she said
Ele pegou a lâmpada e pediu ao servo que pegasse outra lâmpada
He snatched the lamp and bade the servant to pick another lamp
e toda a multidão zombou da visão
and the entire crowd jeered at the sight

mas o mágico pouco se importava com a multidão
but the magician cared little for the crowd
Ele deixou a multidão com a lâmpada mágica que ele havia planejado pegar
he left the crowd with the magic lamp he had set out to get
e saiu das portas da cidade para um lugar solitário
and he went out of the city gates to a lonely place
lá ele permaneceu até o anoitecer
there he remained till nightfall
e ao cair da noite ele puxou a lâmpada mágica e esfregou-a
and at nightfall he pulled out the magic lamp and rubbed it
O gênio apareceu para o mágico
The genie appeared to the magician
e o mago fez seu comando para o gênio
and the magician made his command to the genie
"leve-me, a princesa e o palácio para um lugar solitário na África"
"carry me, the princess, and the palace to a lonely place in Africa"
Na manhã seguinte, o sultão olhou pela janela para o palácio de Aladim
Next morning the Sultan looked out of the window toward Aladdin's palace
e ele esfregou os olhos quando viu que o palácio havia desaparecido
and he rubbed his eyes when he saw the palace was gone
Ele mandou chamar o vizir e perguntou o que havia acontecido com o palácio
He sent for the Vizier and asked what had become of the palace
O vizir também olhou para fora e ficou perdido de espanto
The Vizier looked out too, and was lost in astonishment

Ele novamente atribuiu os eventos ao encantamento
He again put the events down to enchantment
e desta vez o sultão acreditou nele
and this time the Sultan believed him
ele enviou trinta homens a cavalo para buscar Aladim acorrentado
he sent thirty men on horseback to fetch Aladdin in chains
Eles o encontraram voltando para casa
They met him riding home
eles o amarraram e o forçaram a ir com eles a pé
they bound him and forced him to go with them on foot
As pessoas, no entanto, que o amavam, seguiram-nos até o palácio
The people, however, who loved him, followed them to the palace
eles se certificariam de que ele não sofresse nenhum dano
they would make sure that he came to no harm
Ele foi levado perante o sultão
He was carried before the Sultan
e o sultão ordenou ao carrasco que cortasse sua cabeça
and the Sultan ordered the executioner to cut off his head
O carrasco fez Aladdin se ajoelhar diante de um bloco de madeira
The executioner made Aladdin kneel down before a block of wood
ele enfaixou os olhos para que não pudesse ver
he bandaged his eyes so that he could not see
e ele ergueu sua cimitarra para atacar
and he raised his scimitar to strike
Naquele instante, o vizir viu que a multidão havia forçado a entrada no pátio
At that instant the Vizier saw the crowd had forced their way

into the courtyard
eles estavam escalando as paredes para resgatar Aladdin
they were scaling the walls to rescue Aladdin
Então ele chamou o carrasco para parar
so he called to the executioner to halt
O povo, de fato, parecia tão ameaçador que o sultão cedeu
The people, indeed, looked so threatening that the Sultan gave way
e ele ordenou que Aladdin fosse solto
and he ordered Aladdin to be unbound
ele o perdoou aos olhos da multidão
he pardoned him in the sight of the crowd
Aladdin agora implorava para saber o que ele havia feito
Aladdin now begged to know what he had done
"Falso desgraçado!" disse o sultão, "venha para lá"
"False wretch!" said the Sultan, "come thither"
Ele mostrou-lhe da janela o lugar onde seu palácio havia ficado
he showed him from the window the place where his palace had stood
Aladdin ficou tão surpreso que não conseguiu dizer uma palavra
Aladdin was so amazed that he could not say a word
"Onde estão meu palácio e minha filha?" exigiu o sultão
"Where are my palace and my daughter?" demanded the Sultan
"Não estou tão profundamente preocupado com o palácio"
"For the palace I am not so deeply concerned"
"mas minha filha eu devo ter"
"but my daughter I must have"
"e você deve encontrá-la, ou perder a cabeça"
"and you must find her, or lose your head"

Aladdin implorou para que lhe fossem concedidos quarenta dias para encontrá-la
Aladdin begged to be granted forty days in which to find her
ele prometeu que, se falhasse, voltaria
he promised that if he failed he would return
e em seu retorno ele sofreria a morte ao prazer do sultão
and on his return he would suffer death at the Sultan's pleasure
Sua oração foi concedida pelo sultão
His prayer was granted by the Sultan
e ele saiu tristemente da presença do sultão
and he went forth sadly from the Sultan's presence
Por três dias ele vagou como um louco
For three days he wandered about like a madman
Ele perguntou a todos o que havia acontecido com seu palácio
he asked everyone what had become of his palace
mas eles apenas riram e tiveram pena dele
but they only laughed and pitied him
Ele chegou às margens de um rio
He came to the banks of a river
Ele se ajoelhou para fazer suas orações antes de se jogar
he knelt down to say his prayers before throwing himself in
Ao fazê-lo, ele esfregou o anel mágico que ainda usava
In so doing he rubbed the magic ring he still wore
O gênio que ele tinha visto na caverna apareceu
The genie he had seen in the cave appeared
e ele perguntou qual era a sua vontade
and he asked him what his will was
"Salve minha vida, gênio", disse Aladdin
"Save my life, genie," said Aladdin
"Traga meu palácio de volta"

"bring my palace back"
"Isso não está em meu poder", disse o gênio
"That is not in my power," said the genie
"Eu sou apenas o Escravo do Anel"
"I am only the Slave of the Ring"
"Você deve pedir a ele a lâmpada mágica"
"you must ask him for the magic lamp"
"Isso pode ser verdade", disse Aladdin
"that might be true," said Aladdin
"mas tu podes levar-me ao palácio"
"but thou canst take me to the palace"
"Coloque-me debaixo da janela da minha querida esposa"
"set me down under my dear wife's window"
Ele imediatamente se viu na África
He at once found himself in Africa
ele estava sob a janela da princesa
he was under the window of the Princess
e ele adormeceu por puro cansaço
and he fell asleep out of sheer weariness
Ele foi acordado pelo canto dos pássaros
He was awakened by the singing of the birds
e seu coração estava mais leve do que antes
and his heart was lighter than it was before
Ele viu que todos os seus infortúnios eram devidos à perda da lâmpada mágica
He saw that all his misfortunes were due to the loss of the magic lamp
e ele se perguntou em vão quem o havia roubado de sua lâmpada mágica
and he vainly wondered who had robbed him of his magic lamp
Naquela manhã, a princesa levantou-se mais cedo do que

normalmente
That morning the Princess rose earlier than she normally
Uma vez por dia ela era forçada a suportar a companhia dos mágicos
once a day she was forced to endure the magicians company
Ela, no entanto, o tratou com muita severidade
She, however, treated him very harshly
então ele não ousou morar com ela no palácio
so he dared not live with her in the palace
Enquanto ela se vestia, uma de suas mulheres olhou para fora e viu Aladdin
As she was dressing, one of her women looked out and saw Aladdin
A princesa correu e abriu a janela
The Princess ran and opened the window
com o barulho que ela fez, Aladdin olhou para cima
at the noise she made Aladdin looked up
Ela o chamou para vir até ela
She called to him to come to her
Foi uma grande alegria para os amantes se verem novamente
it was a great joy for the lovers to see each other again
Depois de beijá-la, Aladdin disse:
After he had kissed her Aladdin said:
"Eu imploro, princesa, em nome de Deus"
"I beg of you, Princess, in God's name"
"antes de falarmos de qualquer outra coisa"
"before we speak of anything else"
"para o seu próprio bem e meu"
"for your own sake and mine"
"Diga-me o que aconteceu com a velha lâmpada"
"tell me what has become of the old lamp"
"Deixei a lâmpada na cornija no corredor de vinte e quatro

janelas"

"I left the lamp on the cornice in the hall of four-and-twenty windows"

"Ai de mim!" ela disse, "eu sou a causa inocente de nossas tristezas"

"Alas!" she said, "I am the innocent cause of our sorrows"

e ela contou a ele sobre a troca da lâmpada mágica

and she told him of the exchange of the magic lamp

"Agora eu sei", gritou Aladdin

"Now I know," cried Aladdin

"Temos que agradecer ao mágico por isso!"

"we have to thank the magician for this!"

"Onde está a lâmpada mágica?"

"Where is the magic lamp?"

"Ele carrega a lâmpada com ele", disse a princesa

"He carries the lamp about with him," said the Princess

"Eu sei que ele carrega a lâmpada com ele"

"I know he carries the lamp with him"

"Porque ele tirou a lâmpada do bolso do peito para me mostrar"

"because he pulled the lamp out of his breast pocket to show me"

"e ele deseja que eu quebre minha fé com você e me case com ele"

"and he wishes me to break my faith with you and marry him"

"e ele disse que você foi decapitado por ordem de meu pai"

"and he said you were beheaded by my father's command"

"Ele está sempre falando mal de você"

"He is always speaking ill of you"

"mas eu só respondo com minhas lágrimas"

"but I only reply with my tears"

"Se eu posso persistir, não duvido"

"If I can persist, I doubt not"
"mas ele usará a violência"
"but he will use violence"
Aladdin confortou sua esposa
Aladdin comforted his wife
e ele a deixou por um tempo
and he left her for a while
Ele trocou de roupa com a primeira pessoa que conheceu na cidade
He changed clothes with the first person he met in town
e tendo comprado um certo pó, ele voltou para a princesa
and having bought a certain powder, he returned to the Princess
a princesa o deixou entrar por uma pequena porta lateral
the Princess let him in by a little side door
"Coloque seu vestido mais bonito", disse ele a ela
"Put on your most beautiful dress," he said to her
"Receba o mágico com sorrisos hoje"
"receive the magician with smiles today"
"Leve-o a acreditar que você se esqueceu de mim"
"lead him to believe that you have forgotten me"
"Convide-o para cear com você"
"Invite him to sup with you"
"e diga a ele que deseja provar o vinho de seu país"
"and tell him you wish to taste the wine of his country"
"Ele vai ficar fora por algum tempo"
"He will be gone for some time"
"enquanto ele se for, eu lhe direi o que fazer"
"while he is gone I will tell you what to do"
Ela ouviu atentamente Aladdin
She listened carefully to Aladdin
e quando ele saiu, ela se vestiu lindamente

and when he left she arrayed herself beautifully
Ela não se vestia assim desde que deixara sua cidade
she hadn't dressed like this since she had left her city
Ela colocou um cinto e um chapéu de diamantes
She put on a girdle and head-dress of diamonds
ela estava mais bonita do que nunca
she was more beautiful than ever
e ela recebeu o mágico com um sorriso
and she received the magician with a smile
"Eu decidi que Aladdin está morto"
"I have made up my mind that Aladdin is dead"
"Minhas lágrimas não o trarão de volta para mim"
"my tears will not bring him back to me"
"então estou decidido a não chorar mais"
"so I am resolved to mourn no more"
"portanto, convido-vos a cear comigo"
"therefore I invite you to sup with me"
"mas estou cansado dos vinhos que temos"
"but I am tired of the wines we have"
"Gostaria de provar os vinhos de África"
"I would like to taste the wines of Africa"
O mágico correu para seu porão
The magician ran to his cellar
e a princesa colocou o pó que Aladim lhe dera em seu copo
and the Princess put the powder Aladdin had given her in her cup
Quando ele voltou, ela pediu que ele bebesse para sua saúde
When he returned she asked him to drink to her health
e ela entregou-lhe sua taça em troca de sua
and she handed him her cup in exchange for his
Isso foi feito como um sinal para mostrar que ela estava reconciliada com ele

this was done as a sign to show she was reconciled to him
Antes de beber, o mágico fez um discurso para ela
Before drinking the magician made her a speech
ele queria elogiar sua beleza
he wanted to praise her beauty
mas a princesa o interrompeu
but the Princess cut him short
"Bebamos primeiro"
"Let us drink first"
"e você deve dizer o que quiser depois"
"and you shall say what you will afterwards"
Ela colocou a xícara nos lábios e a manteve lá
She set her cup to her lips and kept it there
O mago esvaziou seu copo até a escória
the magician drained his cup to the dregs
e ao terminar sua bebida, ele caiu para trás sem vida
and upon finishing his drink he fell back lifeless
A princesa então abriu a porta para Aladdin
The Princess then opened the door to Aladdin
e ela jogou os braços em volta do pescoço dele
and she flung her arms round his neck
mas Aladdin pediu que ela o deixasse
but Aladdin asked her to leave him
ainda havia mais a ser feito
there was still more to be done
Ele então foi até o mago morto
He then went to the dead magician
e tirou a lâmpada do colete
and he took the lamp out of his vest
Ele ordenou ao gênio que carregasse o palácio de volta
he bade the genie to carry the palace back
a princesa em seu quarto sentiu apenas dois pequenos

choques
the Princess in her chamber only felt two little shocks
em pouco tempo ela estava em casa novamente
in little time she was at home again
O sultão estava sentado em sua varanda
The Sultan was sitting on his balcony
ele estava de luto por sua filha perdida
he was mourning for his lost daughter
Ele olhou para cima e teve que esfregar os olhos novamente
he looked up and had to rub his eyes again
o palácio estava lá como antes
the palace stood there as it had before
Ele correu para o palácio para ver sua filha
He hastened over to the palace to see his daughter
Aladim o recebeu no salão do palácio
Aladdin received him in the hall of the palace
e a princesa estava ao seu lado
and the princess was at his side
Aladdin contou a ele o que havia acontecido
Aladdin told him what had happened
e mostrou-lhe o cadáver do mago
and he showed him the dead body of the magician
para que o sultão acreditasse nele
so that the Sultan would believe him
Uma festa de dez dias foi proclamada
A ten days' feast was proclaimed
e parecia que Aladdin poderia agora viver o resto de sua vida em paz
and it seemed as if Aladdin might now live the rest of his life in peace
mas sua vida não seria tão pacífica quanto ele esperava
but his life was not to be as peaceful as he had hoped

O mágico africano tinha um irmão mais novo
The African magician had a younger brother
ele era talvez ainda mais perverso e astuto do que seu irmão
he was maybe even more wicked and cunning than his brother
Ele viajou para Aladdin para vingar a morte de seu irmão
He travelled to Aladdin to avenge his brother's death
ele foi visitar uma mulher piedosa chamada Fátima
he went to visit a pious woman called Fatima
ele pensou que ela poderia ser útil para ele
he thought she might be of use to him
Ele entrou em sua cela e colocou uma adaga em seu peito
He entered her cell and put a dagger to her breast
Então ele disse a ela para se levantar e cumprir suas ordens
then he told her to rise and do his bidding
e se ela não o fizesse, ele disse que a mataria
and if she didn't he said he would kill her
Ele trocou de roupa com ela
He changed his clothes with her
e ele coloriu seu rosto como o dela
and he coloured his face like hers
ele colocou o véu dela para que ele se parecesse com ela
he put on her veil so that he looked just like her
e finalmente ele a assassinou apesar de sua obediência
and finally he murdered her despite her compliance
para que ela não pudesse contar histórias
so that she could tell no tales
Então ele foi em direção ao palácio de Aladim
Then he went towards the palace of Aladdin
Todas as pessoas pensavam que ele era a mulher santa
all the people thought he was the holy woman
eles se reuniram em torno dele para beijar suas mãos

they gathered round him to kiss his hands
e eles imploraram por sua bênção
and they begged for his blessing
Quando ele chegou ao palácio, houve uma grande comoção ao seu redor
When he got to the palace there was a great commotion around him
A princesa queria saber do que se tratava todo aquele barulho
the princess wanted to know what all the noise was about
então ela pediu a seu servo que olhasse pela janela
so she bade her servant to look out of the window
e seu servo perguntou do que se tratava o barulho
and her servant asked what the noise was all about
Ela descobriu que era a mulher sagrada que causava a comoção
she found out it was the holy woman causing the commotion
ela estava curando as pessoas de suas doenças tocando-as
she was curing people of their ailments by touching them
a princesa há muito desejava ver Fátima
the Princess had long desired to see Fatima
então ela conseguiu que seu servo a convidasse para entrar no palácio
so she got her servant to ask her into the palace
e a falsa Fátima aceitou a oferta no palácio
and the false Fatima accepted the offer into the palace
O mago ofereceu uma oração por sua saúde e prosperidade
the magician offered up a prayer for her health and prosperity
a princesa o fez sentar ao lado dela
the Princess made him sit by her
e ela implorou que ele ficasse com ela
and she begged him to stay with her

A falsa Fátima não desejava nada melhor
The false Fatima wished for nothing better
e ela consentiu com o desejo da princesa
and she consented to the princess' wish
mas ele manteve o véu abaixado
but he kept his veil down
porque ele sabia que seria descoberto de outra forma
because he knew that he would be discovered otherwise
A princesa mostrou-lhe o salão
The Princess showed him the hall
e ela perguntou o que ele achava do salão
and she asked him what he thought of the hall
"É um salão verdadeiramente bonito", disse a falsa Fátima
"It is a truly beautiful hall," said the false Fatima
"mas na minha mente seu palácio ainda quer uma coisa"
"but in my mind your palace still wants one thing"
"E o que é que meu palácio está faltando?" perguntou a princesa
"And what is it that my palace is missing?" asked the Princess
"Se ao menos um ovo de Roc fosse pendurado no meio desta cúpula"
"If only a Roc's egg were hung up from the middle of this dome"
"Então seu palácio seria a maravilha do mundo", disse ele
"then your palace would be the wonder of the world," he said
Depois disso, a princesa não conseguia pensar em nada além do ovo do Roc
After this the Princess could think of nothing but the Roc's egg
quando Aladdin voltou da caça, ele a encontrou de muito mau humor
when Aladdin returned from hunting he found her in a very ill humour

Ele implorou para saber o que estava errado
He begged to know what was amiss
e ela disse a ele o que havia estragado seu prazer
and she told him what had spoiled her pleasure
"Estou infeliz por falta de um ovo de Roc"
"I'm made miserable for the want of a Roc's egg"
"Se isso é tudo que você quer, em breve será feliz", respondeu Aladdin
"If that is all you want you shall soon be happy," replied Aladdin
ele a deixou e esfregou a lâmpada
he left her and rubbed the lamp
quando o gênio apareceu, ele ordenou que ele trouxesse um ovo de Roc
when the genie appeared he commanded him to bring a Roc's egg
O gênio deu um grito tão alto e terrível que o salão tremeu
The genie gave such a loud and terrible shriek that the hall shook
"Desgraçado!" ele gritou, "não é suficiente que eu tenha feito tudo por você?"
"Wretch!" he cried, "is it not enough that I have done everything for you?"
"Mas agora você me ordena que traga meu mestre"
"but now you command me to bring my master"
"E você quer que eu o pendure no meio desta cúpula"
"and you want me to hang him up in the midst of this dome"
"Você, sua esposa e seu palácio merecem ser reduzidos a cinzas"
"You and your wife and your palace deserve to be burnt to ashes"
"mas este pedido não vem de você"

"but this request does not come from you"
"A demanda vem do irmão do mago"
"the demand comes from the brother of the magician"
"o mago que você destruiu"
"the magician whom you have destroyed"
"Ele está agora em seu palácio disfarçado de mulher santa"
"He is now in your palace disguised as the holy woman"
"a verdadeira mulher santa que ele já assassinou"
"the real holy woman he has already murdered"
"Foi ele quem colocou esse desejo na cabeça de sua esposa"
"it was him who put that wish into your wife's head"
"Cuide-se, pois ele quer matá-lo"
"Take care of yourself, for he means to kill you"
Ao dizer isso, o gênio desapareceu
upon saying this, the genie disappeared
Aladdin voltou para a princesa
Aladdin went back to the Princess
ele disse a ela que sua cabeça doía
he told her that his head ached
então ela pediu que a santa Fátima fosse buscada
so she requested the holy Fatima to be fetched
ela poderia colocar as mãos na cabeça dele
she could lay her hands on his head
e sua dor de cabeça seria curada por seus poderes
and his headache would be cured by her powers
quando o mago se aproximou, Aladdin pegou sua adaga
when the magician came near Aladdin seized his dagger
e ele o traspassou no coração
and he pierced him in the heart
"O que você fez?" gritou a princesa
"What have you done?" cried the Princess
"Você matou a santa mulher!"

"You have killed the holy woman!"
"Não é assim", respondeu Aladdin
"It is not so," replied Aladdin
"Eu matei um mago perverso"
"I have killed a wicked magician"
e ele contou a ela como ela havia sido enganada
and he told her of how she had been deceived
Depois disso, Aladdin e sua esposa viveram em paz
After this Aladdin and his wife lived in peace
Ele sucedeu o sultão quando ele morreu
He succeeded the Sultan when he died
Ele reinou sobre o reino por muitos anos
he reigned over the kingdom for many years
e ele deixou atrás de si uma longa linhagem de reis
and he left behind him a long lineage of kings

Fim
The End

www.tranzlaty.com

www.ingramcontent.com/pod-product-compliance
Lightning Source LLC
Chambersburg PA
CBHW012009090526
44590CB00026B/3939